Inhalt

Normung und Standardisierung - Marktvorteile garantiert

Kernthesen

Beitrag

Fallbeispiele

Weiterführende Literatur

Impressum

Normung und Standardisierung - Marktvorteile garantiert

I.Zeilhofer-Ficker

Kernthesen

- Normung und Standardisierung sind wichtige Hilfsmittel bei der Entwicklung und Vermarktung von Produkten und Dienstleistungen im internationalen Umfeld.
- Wenn schon entwicklungsbegleitend die Normung und Standardisierung vorangetrieben wird, können erwiesenermaßen Marktvorteile erzielt werden.
- Das Bundeswirtschaftsministerium unterstützt projektbezogene

Normungsarbeit durch aktuelle Förderprogramme.
- Extrem wichtig ist die aktive Mitarbeit in nationalen, europäischen und internationalen Normungsgremien.

Beitrag

Warum Normung und Standardisierung?

Wir Deutsche sind Weltmeister, was den Bürokratismus anbelangt. Und so manche Vorschrift, Richtlinie oder Norm erscheint dem Normalbürger berechtigterweise unsinnig und überflüssig. Trotzdem sind Normen, Standards und Richtlinien nicht nur für die Wirtschaft unverzichtbar. Man stelle sich nur vor, die internationalen Web-Experten hätten sich nicht schon vor Jahren auf Datenaustauschstandards geeinigt - dann wäre es heute undenkbar, Emails aus der ganzen Welt lesen zu können und Internet-Informationen von jedem Winkel des Globus zu erhalten.

Schon im Jahr 1884 veröffentlichte der VDI seine erste Richtlinie zum Thema Dampfkessel, die erste DIN-

Norm stammt aus dem Jahr 1918. Seither hat sich so Einiges getan, um über Standardisierung und Normung die Sicherheit und Qualität von Produkten und Dienstleistungen zu gewährleisten. In vielen Bereichen ist die Einhaltung von Normen generelle Voraussetzung für den Marktzugang (z. B. elektrische Geräte, Fahrzeuge und ähnliches). Die Weiterentwicklung hin zu mehr Sicherheit, höherer Leistung, weniger Umweltauswirkungen und besserer Qualität wäre ohne die Verpflichtung zu entsprechenden Mindeststandards kaum denkbar. [1], [8]

Außerdem schafft die Normung einen riesigen volkswirtschaftlichen Nutzen - im Jahr 2000 wurde dieser für Deutschland mit 16 Milliarden Euro beziffert. Und mit fortschreitender Globalisierung wird die Arbeit an Normung und Standardisierung immer wichtiger, vor allem für Unternehmen, die am internationalen Warenaustausch teilhaben wollen. [2]

Besonders erfolgreich sind Unternehmen, die das Produktangebot stetig verbessern und immer wieder interessante Neuentwicklungen auf den Markt bringen. Auch für Produktentwicklungen sind Normen und Standards wichtige Rahmenfaktoren. Und bei komplett neuen Technologien sollte man es nicht versäumen, frühzeitig an der Schaffung von Standards und Normen aktiv mitzuarbeiten, will man sich Marktvorteile durch die Innovationsarbeit sichern. (3), (4)

Wie in internationalen Untersuchungen mittlerweile festgestellt wurde, kann man durch Normung und Standardisierung auf dem Weltmarkt einen größeren Wettbewerbsvorteil erzielen, als durch Patentanmeldungen allein. Es sollte also im Interesse jeder Forschungs- und Entwicklungsabteilung liegen, entwicklungsbegleitend an unterstützenden Normen und Standards zu arbeiten. (3)

Organisatorischer Aufbau von Normungsgremien

Die führende nationale Normungsorganisation in Deutschland ist das DIN Deutsches Institut für Normung e. V.. Weitere Richtlinienarbeit wird aber auch von Verbänden und Vereinigungen wie beispielsweise dem VDI geleistet. Darüber hinaus gibt es als europäische Institutionen die CENELEC (elektrotechnische Normung), das ETSI (Telekommunikationsnormung) sowie die CEN für alle anderen Bereiche. International übergreifende Standards werden vom der ISO (Internationale Organisation für Normung) und von der IEC (Internationale Elektrotechnische Kommission) voran getrieben. Für die nationale und europäische

Normenarbeit gilt das Delegationsprinzip sowie die Grundsätze Transparenz und Konsens. In den europäischen Normungsorganisationen sitzt pro Land jeweils ein Vertreter der nationalen repräsentativen Normungsorganisation. Die Beteiligung an den internationalen Gremien ist über Verträge geregelt. (5), (6)

Doch man muss nicht beim DIN angestellt sein, um Normungsarbeit leisten zu können. Jeder Qualifizierte kann sich als ehrenamtlicher Experte zur Mitarbeit in Arbeitsgruppen und Konsortien melden. Dies gilt sowohl für Wirtschaftsvertreter als auch Mitarbeiter von Hochschulen und Universitäten. Da Entwürfe öffentlich ausgelegt und einem Einspruchsverfahren unterzogen werden, kann man aber auch auf diesem Weg eigene Vorstellungen und Wünsche einbringen. (1)

Zeit ist ein wichtiger Faktor für die Entwicklung und Vermarktung neuer Ideen. Damit die konsensbasierte Normungsarbeit in kurzer Zeit durchgeführt werden kann, sind verschiedene Verbesserungsprojekte auf dem Weg. So soll die Initiative Future Landscape of European Standardization (FLES) die Zusammenarbeit der Gremien verbessern. Der Strategiekreis Normung und Lehre soll dafür sorgen, dass Normung und Standardisierung über Vorlesungen in entsprechende Studiengänge aufgenommen wird. (5), (6)

Die in der Vergangenheit beschlossenen Maßnahmen zur Steigerung der Effizienz und Kürzung der Bearbeitungszeiten zeigen bereits Wirkung. Mittlerweile werden 70 Prozent aller Europäischen Normen innerhalb von höchstens drei Jahren erarbeitet. Für besonders dringend gefragte Spezifikationen hat das DIN das Verfahren DIN SPEC entwickelt, das durch ein eingeschränktes Konsensverfahren schneller durchgeführt werden kann. Die zentrale Organisationsstruktur Europas mit der Schlüsselfunktion des DIN als Koordinator für Deutschland hat sich als überaus vorteilhaft erwiesen. In den USA dagegen gibt es eine Vielzahl von unterschiedlichen Gremien, die sich für Normenarbeit zuständig fühlen. Doppelarbeiten und Unübersichtlichkeit sind dadurch vorprogrammiert. (5), (6)

Förderung durch die Politik

Den (Wirtschafts-) Politikern ist besonders daran gelegen, dass nationale Standards und Normen wirtschaftlichen Erfolg bringen. Das im November 2009 beschlossene und im März 2010 veröffentlichte Förderprogramm Transfer von Forschungs- und Entwicklungsergebnissen durch Normung und

Standardisierung des Bundeswirtschaftsministeriums trägt der Bedeutung Rechnung. Pro gefördertes Projekt können bis zu 150 000 Euro Zuschüsse gewährt werden. Generell ist eine Eigenbeteiligung von 50 Prozent bei Wirtschaftsunternehmen bzw. 30 Prozent für Hochschulen erforderlich. (7)

Bis zum ersten Stichtag für Anmeldungen (31. Dezember 2009) wurden über 80 Projektskizzen vorgelegt. Für die Förderung von Projekten ab 2011 ist der Stichtag der 31. August 2010. Koordiniert wird das Förderprogramm von der DIN. Projektskizzen können über das elektronische Antrags- und Angebotssystem easy eingereicht werden. Das Projekt ist als Weiterführung der Initiative Innovation mit Normen und Standards (INS) zu sehen. (3), (7)

Trends

Normung und Standardisierung werden im Hinblick auf die Globalisierung immer wichtiger. Neue, bahnbrechende Innovationsideen wie beispielsweise die Elektromobilität brauchen standardisierte, internationale Versorgungsnetze. Die intelligente Stromversorgung der Zukunft ist auf geregelte Stromein- und Ausspeisung sowie genormten Datenaustausch bis hin zu den Endgeräten angewiesen. Dabei darf es keine Rolle spielen, ob ein

Gerät in Deutschland, China oder den USA hergestellt wurde. (9)Will Deutschland als Exportnation weiter erfolgreich bleiben und innovative und lukrative Produkte weltweit vertreiben, muss sichergestellt bleiben, dass internationale Normen auf Erkenntnisse und Expertenwissen von deutschen Fachleuten basieren. Zumindest beteiligen müssen sich deutsche Wissenschaftler und Experten, auch wenn dies erst einmal Investitionen in Form von Geld und Zeit bedeutet. (9)Doch auch bestehende Richtlinien, Normen und Standards müssen kontinuierlich auf ihre Gültigkeit und den neuesten Stand der Wissenschaft hin überprüft werden. Neue gesetzliche Vorschriften verlangen oft umfangreiche Anpassungsarbeiten, die nicht zu unterschätzen sind. So mussten beispielsweise rund 600 Normen überprüft und überarbeitet werden, damit sie mit der neuen Europäischen Maschinenrichtlinie (2006/42/EG) konform gehen. (10)Die Normung und Standardisierung wird in ihrer Bedeutung künftig für Unternehmen und Politik noch wichtiger werden. Und wir Deutschen sollten unser schlechtes Gewissen ablegen, wenn es wieder einmal heißt, wir hätten für alles und jedes eine Vorschrift. Denn das ist gut so.

Fallbeispiele

Die ISO-Norm 12500 beschreibt Parameter, mit welchen die Leistung von Filtern (Rückhalterate und Durchfluss) verglichen werden können. Entspricht ein Filter der ISO 12500 kann sich der Anwender darauf verlassen, dass die Filterleistung den beschriebenen Anforderungen entspricht. Resultat der Norm war die Entwicklung eines neuen Filtermediums beim Filterhersteller Donaldson. Die Entwickler suchten nach einem Stoff, der bei gleicher Filterleistung weniger Energieeinsatz erfordert. Dies gelang mit dem Material Synteq XP, das bis zu 40 Prozent Energieeinsparung ermöglicht. (11)

Smart Grids nennt man die intelligenten Stromnetze, die in der Zukunft unsere Stromversorgung steuern und effizienter machen sollen. Im Februar 2010 stellte die DKE Deutsche Kommission Elektrotechnik Elektronik Informationstechnik im DIN und VDE dazu einen Entwurf zur Normungs-Roadmap für E-Energy und Smart Grid vor. Eine besondere Herausforderung sind in diesem Zusammenhang der Datenschutz, die Informationssicherheit und die Schnittstellen der einzelnen Datenmodelle. (12)

In die gleiche Richtung zielt das Modellprojekt Smart Watts, das vom Förderprogramm des Bundeswirtschaftsministeriums unterstützt wird. Smart Watts soll Normen entwickeln, über die Herkunft und Preis des Stroms ermittelt werden können. Außerdem soll die datentechnische Kommunikation von Endgeräten und Energiezählern ermöglicht werden. Durch die Verarbeitung von Preisinformationen sollen sich intelligente Haushaltsgeräte immer dann einschalten können, wenn der Strom billig und ausreichend zur Verfügung steht. (13)

Weiterführende Literatur

(1) Der lange Weg zum Weißdruck
aus VDI NR. 46 VOM 13.11.2009 SEITE 17

(2) Innovation mit Normen und Standards (INS) - Entwicklungsbegleitende Normung (EBN) - Ein Förderprojekt des Bundesministeriums für Wirtschaft und Technologie (BMWi)
aus DIN Mitteilungen vom 01.06.2010, Nr. 06

(3) Die Erfolgsgeschichte der deutschen Lasernormung - Innovation und Normung - Vom Beginn der Lasernormung bis zu den Herausforderungen für die Normung in zukünftigen Leitmärkten
aus DIN Mitteilungen vom 01.03.2010, Nr. 03

(4) Elektromobilität - Entwicklungsbegleitende Normung (EBN) - Normung und Standardisierung als Treiber für die Mobilität von morgen

aus DIN Mitteilungen vom 01.06.2010, Nr. 06

(5) Mitgliederversammlung des DIN Deutsches Institut für Normung e. V. - Protokoll am 26. November 2009 im Hause des DIN e. V. in Berlin
aus DIN-Mitteilungen vom 01.02.2010, Nr. 02

(6) Herausforderungen an die europäische Normung - Europäisches Normungssystem - Vortrag anlässlich der Mitgliederversammlung des DIN Deutsches Institut für Normung e. V., Berlin, 26. November 2009
aus DIN-Mitteilungen vom 01.02.2010, Nr. 02

(7) FuE-Ergebnisverwertung durch Normung und Standardisierung - Entwicklungsbegleitende Normung (EBN) - Förderrichtlinie des Bundesministeriums für Wirtschaft und Technologie (BMWi)
aus DIN Mitteilungen vom 01.06.2010, Nr. 06

(8) Enormer Fortschritt mit Sicherheit Maschinensicherheit wächst in einem Gefüge aus Automatisierung, Normen und Produktivität
aus Der Konstrukteur, Heft 06/2010, S. 74

(9) Zugang zu globalen Märkten - Internationalisierung durch Normung - 36. Konferenz Normenpraxis - Am 24. und 25. September 2009 im DIN in Berlin
aus DIN-Mitteilungen vom 01.11.2009, Nr. 11

(10) Harmonisierte Normen zur neuen

Maschinenrichtlinie - 2006/42/EG - Europäische Normung stellt sich der außerordentlichen Herausforderung
aus DIN-Mitteilungen vom 01.12.2009, Nr. 12

(11) Objektive Vergleichbarkeit Sicherheit in der Druckluftfiltration verlangt verlässliche Leistungsdaten
aus Drucklufttechnik, Heft 03-04/2010, S. 32

(12) E-Energy: Internet der Energien geht an den Start
aus www.LifeGen.de, 05.02.2010

(13) Entwicklungsbegleitende Normung (EBN) - Normungs- und Standardisierungsdienstleistung - Vorstellung von Projekten
aus DIN Mitteilungen vom 01.06.2010, Nr. 06

Impressum

Normung und Standardisierung - Marktvorteile garantiert

Bibliografische Information der deutschen Nationalbibliothek

Die Deutsche Nationalbibliothek verzeichnet diese Publikation in der deutschen Nationalbibliografie; detaillierte bibliografische Daten sind im Internet über http://dnb.d-nb.de abrufbar.

ISBN: 978-3-7379-1109-2

© 2015 GBI-Genios Deutsche Wirtschaftsdatenbank GmbH, Freischützstraße 96, 81927 München, www.genios.de

Alle Rechte vorbehalten. Dieses Werk ist einschließlich aller seiner Teile – z.B. Texte, Tabellen und Grafiken - urheberrechtlich geschützt. Jede Verwertung außerhalb der Grenzen des Urheberrechtsgesetzes bedarf der vorherigen Zustimmung des Verlags. Dies gilt insbesondere auch für auszugsweise Nachdrucke, fotomechanische Vervielfältigungen (Fotokopie/Mikroskopie), Übersetzungen, Auswertungen durch Datenbanken oder ähnliche Einrichtungen und die Einspeicherung und Verarbeitung in elektronischen Systemen.